KARIN SEIDEL

NATUR - GEDANKEN

GEDICHTE

LIBRI
BOOKS ON DEMAND

UMSCHLAGGESTALTUNG

AQUARELL UND LAYOUT
- AQUARELLTITEL „LØNSTRUP" -
KARIN SEIDEL

ERSTAUFLAGE 2000

HERSTELLUNG
LIBRI BOOKS ON DEMAND
PRINTED IN GERMANY

ISBN   3-8311-0767-X

KARIN SEIDEL

NATUR - GEDANKEN

GEDICHTE

ZUR AUTORIN

KARIN SEIDEL WURDE AM 24.9.1946 IN BRAUNSCHWEIG GEBOREN. DIE GELERNTE BAUZEICHNERIN IST SEIT IHRER KINDHEIT VIELSEITIG KÜNSTLERISCH TÄTIG. SIE SCHREIBT, MALT UND MUSIZIERT GERN. SEIT VIELEN JAHREN IST SIE DOZENTIN FÜR AQUARELLMAL- UND KERAMIKKURSE, SCHREIBT ALS HOBBYSCHRIFTSTELLERIN PROSA UND VERFASST KINDER- UND JUGEND-THEATERSTÜCKE. MIT DER HIER VORLIEGEN-DEN LYRIK - *NATUR-GEDANKEN*, GEFÜHLS-FRAGMENTE IM KALEIDOSKOP DER SINNE - ERGÄNZT SIE IHR ŒUVRE.

IN VORBEREITUNG IST EIN WEITERER GEDICHTSBAND, DER MIT FARBIGEN THEMEN-BEZOGENEN AQUARELLEN ILLUSTRIERT WURDE UND UNTER DEM TITEL „*NATUR-GEDANKEN*, GEDICHTE UND AQUARELLE" ERSCHEINEN SOLL.

NATUR - GEDANKEN

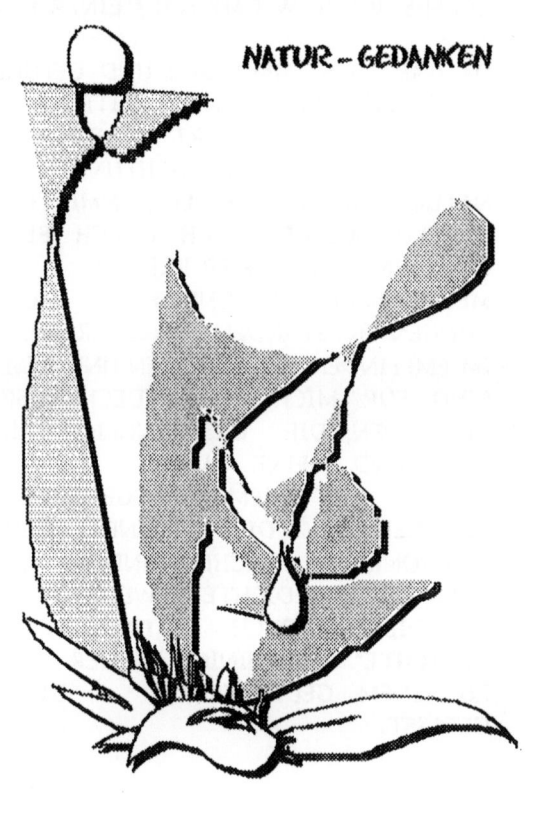

DIESES BUCH WIDME ICH MEINER FAMILIE.

DA GAB ES STIMMUNGEN UND GEFÜHLE ZU UNTERSCHIEDLICHSTEN ZEITEN. DIESE EMOTIONEN, GEPAART MIT VIELEN EINDRÜCKEN UND BEOBACHTUNGEN IN DER NATUR UND IN MEINEM UNMITTELBAREN UMFELD, WOLLTE ICH DURCH BLEISTIFT ODER PINSEL ZU PAPIER BRINGEN.
MEINE SEHR PERSÖNLICHEN AUFZEICH-NUNGEN ENTSTANDEN DURCH ERFAHRUNGEN IM EMPFINDEN, NACHDENKEN UND BESINNEN, SIND FÜR MICH ZU ENTDECKUNGSREISEN GEWORDEN, DIE URSPRÜNGLICH NUR FÜR MICH UND MEINE FAMILIE VORGESEHEN WAREN. MIT THEMENBEZOGENEN EIGENEN AQUARELLEN, DIE MEINE GEDICHTE HARMONISCH NACHEMPFINDEN SOLLEN, WURDEN DIE GEDICHTE ERWEITERT.
IN DIESEM BUCH „NATUR-GEDANKEN – GEDICHTE" SIND EINIGE MEINER GEDICHTE ZU EINEM GEDICHTSBAND ZUSAMMEN-GEFASST.

KARIN SEIDEL

INHALTSVERZEICHNIS

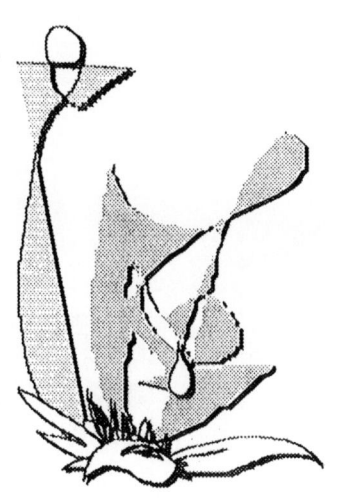

STEILKÜSTE BEI LØNSTRUP

UNTERWEGS

UNTERWEGS AUF
DEINEM LEBENSWEG
ENTDECKST DU DINGE,
DIE DIR LÄNGST
VERTRAUT.

LICHTBLICK

IMPRESSION

EIN MORGEN
ANGEFÜLLT MIT SONNE,
ERHELLT MEIN WANKENDES GEMÜT,
LÄSST MICH VERGESSEN,
OH, TAUSENDFACHE WONNE,
DAS TÄGLICHE EINERLEI.

AZURBLAUER MORGEN,
ICH DANKE DIR.
UMWOBEN VOM WARMEN
SOMMERWIND
GEHT MEIN BLICK
HINAUF ZUM HIMMEL.
NEHME MIR ZEIT
MICH ZU BESINNEN -
BIS ICH WIEDER ZU MIR FIND.

HERRENHAUS SICKTE

PARKBANK

ICH SITZE IM PARK AUF EINER BANK.

SONNE BESTRAHLT MEINE HAUT.
SIE FÄNGT AN ZU ÄCHZEN.
SIE SPANNT.
DOCH DER TAG MIT REICHLICH SONNE WAR
WUNDERBAR.

HIER IN DER STADT,
WARTEND AUF EIN LÜFTCHEN,
NEHME ICH DINGE WAHR,
DIE MIR SELBSTVERSTÄNDLICH UND KLAR.

KANINCHEN UND ENTEN ZU MEINEN FÜSSEN,
SPATZEN WARTEN AUF FUTTER,
ZETERN LAUT.
KINDER AUF FAHRRÄDERN GRÜSSEN.
KENNE SIE NICHT.
SIND MIR JEDOCH VERTRAUT.

PASSANTEN SCHREITEN VORÜBER,
GEHEN LANGSAM.
AUCH SIE GENIESSEN, WIE ICH,
DEN AUSKLINGENDEN TAG.

WOLKENSPIEGELUNG

AM UFER

SCHILF
SCHAUKELT
IM SOMMERWIND.
RUHE ICH HIER
AM UFER FIND.

MEIN BLICK SCHWEIFT
VON BAUM ZU BAUM,
SUCHT SANFTE FARBEN,
BIZARRE FORMEN
UND FÜR MEINE SEELE
NEUEN LEBENSRAUM.

MOMENTE DES GLÜCKS
BERÜHREN MICH.
DIE NATUR ZEIGT SICH
VERSCHWENDERISCH
UND LÄDT MICH EIN
ZUM VERWEILEN.

EINHEIT

LILIEN

ODER

DURCH DIE BLUME

ZUM LICHT SICH RECKEN,
HEUTE UND MORGEN.
VERSTOHLEN IN ZWEISAMKEIT
MORGEN UND ÜBERMORGEN.
STRAHLEND DEN TAG ENTDECKEN.
MINUTE UM MINUTE,
DANK DEM SONNENBRUNNEN,
JEDER ZEIT,
WIR HABEN IN FREUNDSCHAFT
BIS IN DIE EWIGKEIT DAS HOFFEN.
UNS GEFUNDEN.
OBWOHL VERGÄNGLICH,
NICHT BETROFFEN.

ANFASSBARER TRAUM

NATUR

BLATT AN BLATT,
FRUCHT AN FRUCHT,
BAUM AN BAUM.
NATUR, LASS MICH EMPFINDEN,
NICHT NUR ZUSCHAUEN.

BLATT AN BLATT,
HALM AN HALM,
FLÜSTERN IM WINDE.
NATUR, GIB MIR AB VOM
BUNTEN BLÜTENGEBINDE.

BLATT UND BLÜTE,
AST UND BAUM
ENTSTEHEN VOR MEINEN AUGEN.
SIND EIN NATURSCHAUSPIEL.
EIN ANFASSBARER TRAUM.

WILDWASSER

SO KANN LEBEN SEIN...

... WIE DAS RAUSCHEN UND GURGELN   DES
   WASSERS EINES FLUSSES.
                        LAUTE ODER LEISE TÖNE.
... WIE EIN STEINREICHES FLUSSBETT.
              BEQUEM KANN MAN ES NICHT DURCHQUEREN.
... WIE DIE STÜRMISCH, REISSENDEN
   STROMSCHNELLEN.
                  UNKONTROLLIERBARES ZEITVERRINNEN.

LEBEN IST AUCH ...

...ERNEUERUNG,
                WIE DURCH DAS IMMER SPRUDELNDE
                            QUELLWASSER.
...KLARHEIT,
              WIE DURCH DEN BLICK DURCH'S WASSER
                          AUF DEN GRUND.
...HOFFNUNG,
                            DIE BLEIBT,
                  WENN EINMAL DAS WASSER VERSIEGT.
...BESTAND UND AUSDAUER,
                    WIE DIE FELSEN, DIE TAUSENDE
              VON JAHREN DEN FLUSSLAUF BESTIMMEN.

DAS ALLES KANN LEBEN SEIN.

SONNENUNTERGANG, BLEISTIFTSKIZZE

AM MEER

ICH STEHE
AM STRAND, VERZÜCKT.
DER EIGENTLICHEN WELT WEIT ENTRÜCKT.
DEN BLICK AUF DAS SCHÄUMENDE MEER.
KIESEL, SO WEIT DAS AUGE REICHT
UND UNTER MIR.
VERWASCHEN,
MIT RUNDLICHEN FORMEN,
IN TAUSENDFACHEN FARBEN.
SIE LEUCHTEN NOCH MEHR,
ALS SIE MIR SILBER-ORANGE,
DURCH DIE BLENDENDE ABENDSONNE
WÄRMEND,
VOR MEINEN AUGEN
BEZAUBERND ERSTRAHLEN.

GARTEN DER RUHE

SPÄTSOMMERGARTEN

BLICKE SCHWEIFEN UND ERGREIFEN
BEZAUBERNDE SPÄTSOMMERPRACHT.
BLÜTENFÜLLE SOWEIT DAS AUGE REICHT.
ANGENEHME SÜSSE DÜFTE
NICHT NUR VON DEN STOLZEN ROSEN.
VERHALTEN SCHAUEN ASTERN,
STRAHLEND UND KÖNIGLICH DIE SONNENBLUMEN,
UND AUS DEM EFEU VERSTOHLEN SCHAUEN DIE
LÄNGST ERWARTETEN ZARTEN HERBSTZEITLOSEN.
KAPUZINERKRESSE RANKT VERSPIELT AM ZAUN,
HECKENROSEN MIT DICKEN FRÜCHTEN
VERSTECKT UNTER DEM SCHÜTZENDEN
HOLUNDERBAUM.
BARTNELKEN
VEREINZELT NACH DEM LICHT SICH RECKEN.
RINGELBLUMEN VERSCHWENDERISCH
DIE ERSTEN LÜCKEN AUF DEN BEETEN BEDECKEN.
LOBELIEN MIT BETÖRENDEM BLAU
KÖNNEN IN MIR TRÄUME VON
MEERESNÄHE WECKEN.
IMPONIEREND MEIN GARTEN VOR MIR LIEGT.
DEN BLÜTENZAUBER DER SPÄTSOMMERWIND
JETZT BEHUTSAM UND
ZÄRTLICH WIEGT.

LØNSTRUP

ABENDSTIMMUNG

DER HIMMEL
ZEIGT SICH ROT VERFÄRBT.
ABENDSTILLE UMGIBT MICH,
MACHT SICH ZÖGERND BREIT.
ZUR FRÖHLICH SINGENDEN LERCHE
GESELLT SICH AUS DER FERNE
MEHRTÖNIGES GLOCKENGELÄUT.

ABENDSTIMMUNG AM STRAND

SOMMER

SOMMER?
DEN GAB ES WIEDER NICHT.
WO WAREN DIE
WÄRMESTRAHLEN?
BESTECHEN!
MIT GELD,
GOTT SEI DANK,
NICHT ZU BEZAHLEN.
ICH HABE DIE WÄRME
ZWAR OFT VERMISST;
DOCH DAS TÄGLICHE
LICHTE GRAU
LÄSST MICH JETZT
DENNOCH HOFFEN -
AUF EINEN BILDSCHÖNEN,
FARBENFROHEN
HERBST?

LANDSCHAFTEN

MORGEN

SPÄTSOMMER
LAG HEUTE MORGEN
VOR DER TÜR.
ES FRÖSTELT AUF DER HAUT.
NEBEL AM BODEN SCHLEICHEN,
TAUTROPFEN BLINZELN
IN DER SONNE.
BRILLIANTEN DER WONNE,
DIE DEM TAG BALD WEICHEN.
IN DIE STILLE HINEIN RUFT
EIN FALKENPAAR AM
HIMMEL.
KREISCHEND,
BEDROHEND LAUT.

AM UGGERBY Å

OKTOBER

SONNENSCHEIN
FÄLLT SCHRÄG VOM HIMMEL.
IST ES DER HERBST,
DER SICH ANKÜNDIGT?
EICHELN UND ECKERN
SCHAUKELN NOCH IM WIND
BIS SIE SICH BALD
MIT KASTANIEN IM GRAS
ZWISCHEN BUNTEM LAUB WIEDERFIND'.
IST ES DER HERBST,
DER FREUNDLICH UNS LACHT?
GANZ SICHER!
ER LEUCHTET
MIT ALL' SEINER PRACHT.

VERWUNSCHEN AN DER WABE

SONNIGER HERBST

TIEF
AM HIMMEL DIE SONNE,
BRICHT IHRE STRAHLEN
DURCH'S ANGEFÄRBTE LAUB.
HERBST KÜNDIGT SICH ZAGHAFT AN.
DEM FARBENZAUBER NIEMAND
ENTGEHEN
KANN.

ANEMONEN

HERBST

H ERBST IST OFT AUSSER
RAND UND BAND.

E INE JAHRESZEIT, DIE
CHARAKTER FAND.

R EGEN UND STURM ZIEHEN
VERWEGEN

Z UKUNFTSWEISEND BALD DEM
FRÜHLING ENTGEGEN.

... UND DOCH ÜBERLEBT

GINKGO

SAMTWEICH
ERSCHEINEN MIR
GINKGOS BLÄTTER IN
KÜHLER HERBSTNACHT.
IN DER OKTOBERMITTE,
JETZT ALLE BLÄTTER GOLDGELB,
VERSPÜRT NICHT NUR ER
DIE RAUHE LUFT
BEI BEZAUBERNDEM
STERNKLAREN HIMMEL.
SANFT LEUCHTEN DIE FARBEN.
MEINE SINNE, DURCH DEN
SCHWÄRMENDEN BLICK
FREIGELEGT, WERDEN
DURCH DEN ERSTEN
FROST HELLWACH.

MOORLANDSCHAFT

VERPASSTER AUGENBLICK

AUF DEM HÜGEL STEHEND
SCHWEIFT MEIN BLICK INS TAL.
HIER WOLLTE ICH MALEN.
DER IMPULS BEGANN EINST ZU TOBEN,
ALS DAS TAL IN SATTER FARBE STAND.

VOR MIR LIEGEN BRAUN-GRÜNE MATTEN,
DIE BÄUME WERFEN LÄNGST LANGE SCHATTEN.
ALLES ANGEORDNET NACH PLAN.
DIE NATUR ZEIGT SICH JETZT FAST KAHL.

GERN WÜRDE ICH MIT DEM PINSEL
DIE TRISTEN FELDER BEGRÜNEN.
DAS UNGEMALTE BILD MIT SEINEN ERDENEN
FARBEN WIRKT,
BIS ZUM ERNEUTEN FRÜHLINGSERWACHEN,
FÜR DEN BETRACHTER EIN WENIG STARR.
MEINE GEDANKEN BEGINNEN ZU FRIEREN.

PUAN KLENT - SYLT, ENTWURF

ZUM JAHRESWECHSEL

DAS JAHR NEIGT SICH DEM ENDE.
NICHTS DEUTET AUGENBLICKLICH
IN DER WELT AUF EINE
FRIEDVOLLE WENDE.
ALLES WAS WIR BEGEHREN
UND ANSTREBEN,
NÄMLICH FRIEDEN IN UNSEREM
UNRUHIGEN LEBEN,
WIRD MIT FÜSSEN GETRETEN.
MÖGEN UNS, NICHT NUR
ZUM JAHRESWECHSEL,
ALLE SINNE WACHRÜTTELN
UND DARAN ERINNERN,
DASS WIR NICHT VERGESSEN DÜRFEN
AUFZUBRECHEN.
HELFEN MIT VERSTAND.
NICHT NUR IN UNSEREM SCHEINBAR
RUHIGEN LAND.

SUMPFLILIEN

VIEL GEBEN.
EIN WENIG NEHMEN.
RICHTIG MISCHEN.
SO IST MEIN LEBEN.

SCHAFFEN
HABE ICH KRAFT ALLES ZU SCHAFFEN?
HABE ICH GENÜGEND ZEIT ZU GENIESSEN?
HABE ICH DOSIERTES GEFÜHL,
UM MEINE SEELE RICHTIG EINZUSETZEN?

ERWARTUNG
JEDER ERWARTET
VOLLE KRAFT VON MIR.
KANN REICHLICH GEBEN.
MUSS AUF MICH ACHTEN,
ES FÄLLT MIR SCHWER,
MICH VERSCHLINGT SONST
FREUNDES GIER.

SPIEGELUNG

STILLE

STILLE
RUHT IN SICH SELBST,
VERMAG KRÄFTE FREIZUSETZEN.
GEFÜHLSFRAGMENTE
IM KALEIDOSKOP DER SINNE
- RICHTIG GELENKT -
BEGINNEN
FRIEDVOLLE GEDANKEN
EINZUSETZEN.

KALLA

ERFOLG

WIE ER AUCH
IMMER AUSSIEHT,
IST WIE EINE
GEHEGTE BLUME.
SIE
BRAUCHT
VERSTÄNDNIS UND GÜTE,
WILL MAN SICH AN IHR
ERFREUEN.

ERSTER FROST

NEID

NEID BEFINDET SICH OFT
AUF SELTSAMEN WEGEN.
WER IHN VERSPÜRT,
BEHINDERT
SEIN EIGENES LEBEN.
VERKRAMPFT UND VERBISSEN
STEUERT DER NEID
MIT QUALVOLLEN GEBÄRDEN
DIE VERNICHTUNG
ERFOLGE ANDERER AN.
NEID VERDRÄNGT KREATIVITÄT,
HEMMT OFFENSICHTLICH SPONTANEITÄT.
NEID FINDET NIE
DAS RECHTE MASS.
WIE WEIT IST ER ENTFERNT
VOM HASS?

ST. PETRI SICKTE

HIMMLISCH

HÖRE ICH MICH SAGEN.
WOLLTE NICHT
NACH DEN STERNEN LANGEN.
DER WEG VOR MIR,
WIE SIEHT ER AUS?

UNGEWISSHEIT FORDERT ZOLL.
ANGST MACHT SICH BREIT.
HIMMLISCH?
WOHL DOCH NUR IN DER
EWIGKEIT.

RUBJERG, ODDERVEJ

DANKBARKEIT

ERLEBTE DANKBARKEIT.
JEDER ZEIT.
IMMER BEREIT?
JEDER ZEIT!
BIN ICH AUCH WEIT -
JEDER ZEIT
PRAKTIZIERTE
DANKBARKEIT!

MEERESRAUSCHEN

TROTZIG
DEM SCHICKSAL
DIE STIRN BIETEN.
UND DOCH VERSTUMMEN?

*

KRAFT SPAREN,
UM KRAFT ZU SCHÖPFEN.

*

TÖNE KLINGEN.
TÖNE ERHOLSAM FINDEN.
TÖNE SOLLEN MICH BEGLÜCKEN.
TÖNE KÖNNEN AN EMPFINDUNGEN
RÜTTELN.

UMARMUNG

MÜTTER...

SIND EINFACH DA,
HALTEN HÄNDE,
GESICHTER SPRECHEN BÄNDE.
SIE MÜSSEN ERTRAGEN
TAUSEND FRAGEN
IN ALLEN LEBENSLAGEN.
BESEITIGEN SEELENSCHADEN.
MÜTTER SIND MEIST HEITER,
NA, JA, U.S.W.
SIE UMARMEN BEHUTSAM.
GEBEN MUT.
IMMER WIEDER!
MÜTTER SIND EINFACH DA.

HÄUSER AM MEER

ZWEISAMKEIT

SONNIG STRAHLT IHNEN
DER TAG ENTGEGEN.
SIND SICH INNIG VERBUNDEN.
DAS LEBEN SIE GEMEINSAM GEHEN.
BLUMIGE WORTE?
SIND LÄNGST GEFUNDEN.
EIN AUSFLUG IN GEDANKEN ZURÜCK -
RUHE UND BESINNLICHKEIT JETZT
UND INNIGES GLÜCK.

FREUNDLICHKEITEN

BESINNUNG

THEATER?
NEIN!
KAMPF AUF OFFENER SZENE?
KANN SEIN.
FREUNDLICHKEITEN
BEREITEN.
DANKEND
ENTGEGENNEHMEN.
KRIBBELN IM MAGEN
NACH SO LANGER ZEIT?
UND IMMER NOCH BEREIT
WEITER ZU KÄMPFEN.
NACH GEMEINSAMEN
REGELN.

TRAUERBUCHE

TRAUER

WENN DER SOMMER
TRAUER TRÄGT
UND IM KUMMER
VERSINKT,
DIE HOFFNUNG
AUF EIN WIEDERSEHEN
FÜR UNS GEBLIEBENE
BEGINNT.

KÜHLE SCHÖNHEIT

WEIHNACHTEN

WINTERNACHT,
DUNKEL UND DOCH HELL.
EINSAMKEIT,
DOCH ES IST JEMAND DA.
IN DIE STILLE HINEIN
EIN ZAGHAFTES BITTEN.
HUNDERT WARME STRAHLEN
VERTREIBEN DIE KÄLTE.
NIE WIEDER TRÄNEN?
ACH, LASS IN MIR
TAUSENFACHE FREUDE BEBEN.
DU ERHELLST MEIN ZWEIFELND LEBEN.
HIER UND HEUTE.
DOCH AUCH MORGEN.
TÜR UND TOR SIND GEÖFFNET.
DOCH -
EINTRETEN MUSS ICH SELBER.

LYRIKMOSAIK

ODER

WO LIEGT DER SINN

EIN TEELICHT BESTRAHLT DIE GEMÄLDE DER MALER SPITZWEG UND BRUEGHEL. EIN FALTER, ANGEZOGEN VOM TANNENDUFT, SCHAUKELT BETÖRT DURCH DIE LUFT. EIN KERZEN- UND EIN FINKENPAAR BLEIBEN UNZERTRENNLICH. DA, EIN HASE! WIE ER AN DEN BLÜTEN ZUPFT. DIE TAUBE UNTERDESSEN, TRIFFT UNTERWEGS AUF LECKERE KRESSEN. UND AM HIMMEL FLIEGT NOCH EIN VOGEL, DER HAT EINEN HALM IM SCHNOBEL.

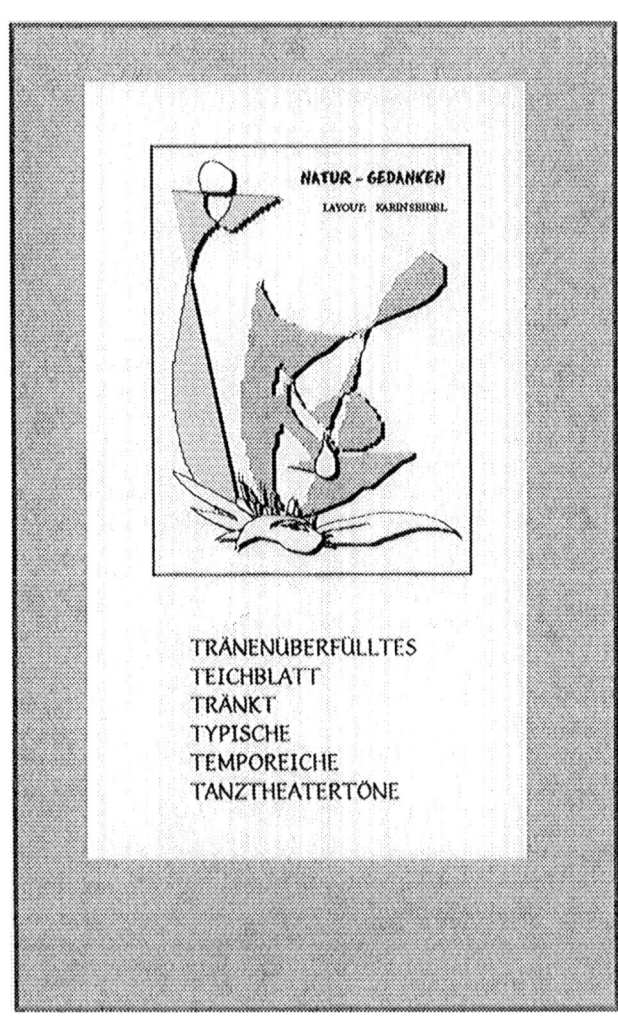

NATUR - GEDANKEN

LAYOUT: KARIN SEIDEL

TRÄNENÜBERFÜLLTES
TEICHBLATT
TRÄNKT
TYPISCHE
TEMPOREICHE
TANZTHEATERTÖNE

AQUARELLE
SCHWARZ-WEISS-DRUCK
ALS ERGÄNZUNG ZUR LYRIK

BEGRENZTE FREIHEIT ODER SEHNSUCHT

KARIN SEIDEL * **NATUR-GEDANKEN**, GEDICHTE